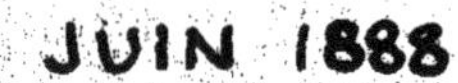

SUCCESSION

DE

M. LE BARON S***

VENTE EN SON HOTEL

6, RUE DU CIRQUE, 6

Les Lundi 4, Mardi 5 et Mercredi 6 Juin 1888

RICHE MOBILIER

ARTISTIQUE

Sculptures — Tableaux

ORFÈVRERIE

VOITURES — VINS — LINGE

EXPOSITIONS

Particulière :	*Publique :*
Le Samedi 2 Juin 1888	**Le Dimanche 3 Juin 1888**

DE UNE HEURE A SIX HEURES

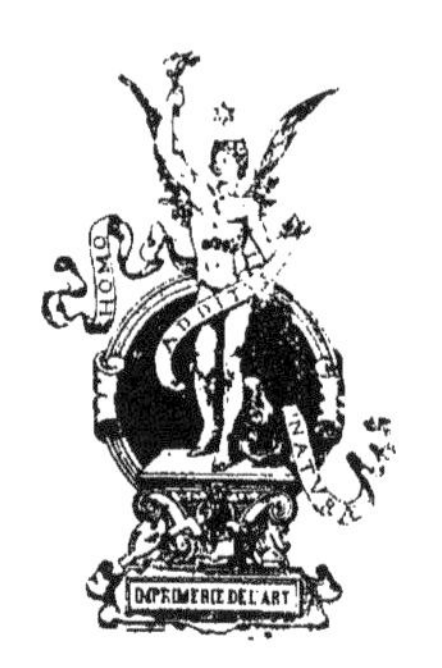
HOMO
IMPRIMERIE DE L'ART

CATALOGUE

DES

MEUBLES D'ART

De style Louis XVI

En marqueterie, garnis de bronzes dorés, exécurés par *Henry Dasson* et *Ch. Winckelsen*

SCULPTURES EN MARBRE

Par Carpeaux et Clésinger

TABLEAUX

Sainte Agnès, par Hébert

Argenterie — Bijoux — Fusils, etc.

BRONZES D'AMEUBLEMENT

Pendules Louis XV et Louis XVI — Porcelaines montées

MOBILIER

Sièges — Rideaux — Tapis — Tapisseries
Services de table — Cristaux — Linge, etc. — Voitures

*Dépendant de la succession de M. le Baron S****

ET DONT LA VENTE AURA LIEU

EN SON HOTEL

6, RUE DU CIRQUE, 6

Les Lundi 4, Mardi 5 et Mercredi 6 Juin 1888

COMMISSAIRES-PRISEURS

Me ALBINET	**Me TROUILLET**
51, rue de Maubeuge, 51	63, rue Sainte-Anne, 63

EXPERTS

Pour les Objets d'art :	*Pour les Tableaux :*
M. Ch. MANNHEIM	**M. FÉRAL**
7, rue Saint-Georges, 7	54, Faubourg-Montmartre, 54

EXPOSITIONS

PARTICULIÈRE	PUBLIQUE
Le Samedi 2 Juin 1888	**Le Dimanche 3 Juin 1888**

DE 1 HEURE A 6 HEURES

CONDITIONS DE LA VENTE

Elle sera faite au comptant.

Les acquéreurs payeront, en sus des adjudications, *cinq pour cent* applicables aux frais.

L'Exposition mettant le public à même de se rendre compte de l'état des objets, il ne sera admis aucune réclamation une fois l'adjudication prononcée.

Paris. — Imp. de l'Art. E. Ménard et Cie, 41, rue de la Victoire.

Désignation des Objets

SCULPTURES EN MARBRE

CARPEAUX

1 — Marbre blanc. *La Pêche.*

Statue de jeune fille soutenant une coquille sur sa tête et assise sur une manne d'où s'échappent des poissons.

Signée : J. Bte Carpeaux, 1873.

Cette figure repose sur un piédouche carré en chêne sculpté, décoré d'ornements, de godrons, de volutes et d'attributs maritimes, et portant aussi la signature de l'artiste et la date 1873.

CARPEAUX

2 — Marbre blanc. Buste, grandeur nature, de jeune fille, les yeux baissés, les cheveux flottant sur les épaules.

Il repose sur un piédouche carré, portant la signature : J. Bte Carpeaux, 1873.

3 — Gaine carrée en stuc.

CLÉSINGER

4 — Marbre blanc. *Cléopâtre.*

Buste, grandeur nature, élevé sur piédouche. Socle carré en marbre rouge.

Signé : J. Clésinger. Deuxième étude.

CLÉSINGER

5 — Marbre blanc. Autre buste de Cléopâtre.

Grandeur nature, la gorge à demi découverte. Le piédouche est élevé sur un socle carré de marbre turquin.

Signé : J. Clésinger. Deuxième étude.

TABLEAUX

BERTIN

6 — *Paysage historique, animé de groupes de personnages costumés à l'antique.*

Signé.

ÉCOLE FRANÇAISE

(ÉPOQUE LOUIS XV)

7 — *Le Concert dans le parc.*

Neuf personnages, dames, seigneurs, enfants, sont réunis sur la lisière d'un bois. Une dame, en robe blanche ouverte sur une jupe de soie jaune, pince de la harpe ; vis-à-vis, un musicien assis tient une guitare ; à ses pieds, est une partition d'opéra.

Cet intéressant tableau, qui a été attribué à Lancret, porte une signature peu lisible : L*** invenit et pinxit, 17..

Cadre sculpté et doré.

HÉBERT

8 — *Sainte Agnès.*

Vue en pied, la tête nimbée, elle tient une tige de lis. Elle est vêtue d'une tunique jaune en partie recouverte d'un grand voile de gaze bleue.

Cadre gravé et doré, de style Renaissance, ressortant sur un fond de velours.

LEFÈVRE

(Robert)

9 — *Portrait d'homme, en buste.*

PORBUS LE JEUNE

(Attribué a)

10 — *La Fillette à la cerise.*

Portrait d'une jeune fille blonde, à mi-jambes, debout, un ruban rouge dans la coiffure, tenant d'une main une cerise, et de l'autre un mouchoir. Elle est vêtue d'une robe gris de fer à galons de velours noir, avec manches à ramages; une fraise à petits plis entoure le cou. Dans le fond, sur le piédestal d'une colonne, on lit :

Aetatis suae 6 : 1594.

Cadre ancien en bois sculpté et doré.

C. W.

(1845, initiales)

11 — *Fête aux environs de Paris.*

ÉCOLE FRANÇAISE

12 — *Portrait d'enfant.*

13 — Divers tableaux et gravures sous ce numéro.

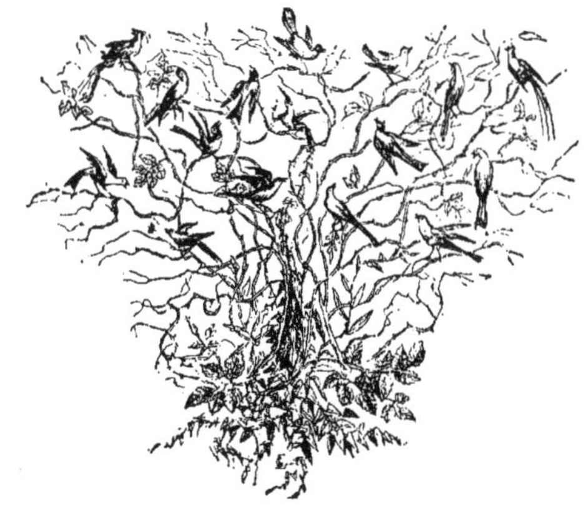

ARMES

14 — Carabine du XVIIIe siècle, à canon gravé et doré, de *Allevin, arquebusier de Monsieur, à Paris.* La monture est garnie de plaques en argent finement ciselé, dont une aux armes de France.

15-16 — Deux fusils de chasse.

17 — Carabine anglaise.

18 — Épée Louis XVI, à poignée d'acier décorée de clous à facettes.

19 — Couteau de chasse écossais garni en argent gravé, avec couteau et fourchette.

ARGENTERIE

20 — Deux aiguières en argent fondu, ciselé et doré, de style Louis XV. Orfèvrerie anglaise.

21 — Deux flambeaux Louis XVI, colonnes cannelées sur bases carrées, en argent. Orfèvrerie anglaise.

22 — Deux petits flambeaux en argent, d'*Odiot.*

23 — Dix-huit petits plats ronds en argent.

24 — Quatre grands plats ronds en argent.

25 — Quatre légumiers avec leurs doubles fonds et leurs couvercles, en argent.

26 — Deux plats ovales à filets, en argent.

27 — Trois plats ovales festonnés, en argent.

28 — Plateau et soupière en argent.

29 — Seau à champagne en argent, avec son couvercle.

30 — Légumier et couvercle en argent.

31 — Pot à crème en argent.

32 — Corbeille en argent repoussé.

33 — Théière, cafetière, deux pots à lait et un sucrier en argent.

34 — Théière et sa lampe, en argent.

35 — Petite soupière avec son couvercle et son plateau.

36 — Cafetière en argent.

37 — Huilier en argent uni.

38 — Huilier, six bouts de table et un moutardier, en argent.

*

39 — Deux bougeoirs et deux éteignoirs en argent.

40 — Timbale en vermeil.

41 — Ménagère, service à salade, truelle à poisson, moutardier.

42 — Douze fourchettes à huîtres, manches en ivoire.

43 — Manche à gigot en argent, deux cuillères à hors-d'œuvre, partie en argent et partie en ivoire.

44 à 47 — Louche, cuillère à ragoût, trois cuillères à sucre, deux cuillères à compote, deux pinces à sucre, cuillère à verre d'eau, douze cuillères à café, deux cuillères à hors-d'œuvre, douze pelles à sel, pelle à moutarde et quatre autres à sel, en argent et vermeil.

48 — Soixante fourchettes de table et vingt-quatre cuillères de table, en argent.

49 — Vingt-quatre couverts d'entremets, en argent.

50 — Vingt-trois fourchettes et onze cuillères en argent.

51 — Timbale, couvert d'enfant, cuillère à café et couteau, le tout en vermeil.

52 — Service à découper et vingt-quatre couteaux, manches en argent.

53 — Douze cuillères à café, en argent.

54 — Vingt-quatre couteaux de table, manches en ivoire, à filets.

55 — Quarante-quatre couteaux, manches en ivoire uni.

56 — Trente-six couteaux à dessert, manches en ivoire uni.

57 — Trois services à découper, manches en ivoire.

58 — Dix-huit couteaux à dessert, manches en ivoire, à filets.

59 — Trente-six couteaux de table, à manches en argent.

60 — Vingt-quatre couteaux à dessert, à manches en nacre.

PLAQUÉ

61 — Deux girandoles en plaqué.

62 — Deux plateaux, une corbeille à miettes, en plaqué.

63 — Quatre réchauds.

64 — Huit dessous de bouteilles.

65 — Bol à anse et son double fond, six salières, en plaqué.

BIJOUX

66 — Montre d'homme en or, à remontoir, boîte de chasse; chaîne de gilet en or, avec médaillon et rose des vents.

67 — Montre d'homme en or, à remontoir, avec cadran extérieur en or.

68 — Bracelet gourmette en or, orné de trois plaques, rubis, vingt-six brillants et quelques roses.

69 — Chaîne de gilet Léontine, en or.

70 — Montre en argent, avec cuvette de chasse et cadran extérieur.

71 — Petite broche, or et émail.

72 — Sept médailles en argent.

73 — Médaille en or.

74 — Deux médailles en vermeil.

PORCELAINES

MONTÉES EN BRONZE

75 — Vase en forme de balustre en céladon gris craquelé, avec monture de style Louis XVI en bronze ciselé et doré : collerette de feuilles, anses carrées avec retombées de feuilles sur la panse, tore de laurier, à la base, et plinthe à angles cintrés et rentrants.

76 — Grand vase en porcelaine fond bleu marbré, à col élancé ceint d'un anneau en bronze doré d'où retombent en manière d'anses des torsades bouclées. Le vase repose sur un socle à draperie aussi en bronze, élevé lui-même sur un socle de bois noir. — Hauteur totale, 1 m. 55 cent.

77 — Coupe en porcelaine de Chine moderne, montée en bronze.

78 — Deux cornets en vieux Japon, bleu, rouge et or, avec monture en bronze.

79 — Deux bouteilles en grès de Chine, à couverte d'émail vert bronze poudré. Monture en bronze ciselé et doré de style Louis XVI.

PORCELAINES & FAIENCES

NON MONTÉES

80 — Grand vase en porcelaine dorée du temps du premier Empire, décoré, sur chacune de ses faces, d'un grand paysage, avec figures et animaux ; ce décor semble être de la main du peintre *De Marne*.

81 — Deux vases ovoïdes à col évasé, en poterie du Japon, décorés de plantes fleuries et de bambous en émaux de couleur.

82 à 84 — Trois coupes en porcelaine de Sèvres, gros bleu à décor en dorure.

85 — Plusieurs vases, cornets, jardinières, etc, en porcelaine et en faïence.

MEUBLES D'ART

86-87 — Deux beaux meubles-vitrines, de forme cintrée et de style Louis XVI, en bois de placage de diverses essences, très richement décorés de cuivres ciselés et dorés, moulures, oves, rais de cœur, festons et pentes de fleurs, rubans, etc. Tablette de marbre blanc. Ces meubles portent la marque de Ch. Winckelsen, à Paris.

88 — Joli secrétaire de style Louis XVI, en racine d'aca-

jou et bois d'amarante, à panneaux de laque, noir et or, dans le goût japonais; il est garni de bronzes finement ciselés et dorés, moulures, pentes et guirlandes de fleurs, draperies, rubans, cariatides d'angles reposant sur des colonnettes. Le haut du meuble ouvre à l'aide d'un abattant surmonté d'un tiroir; le bas, formant console, a un tiroir et est supporté par quatre pieds cannelés reliés par des traverses cintrées. Dessus en marbre blanc. Ce meuble sort de la maison Ch. Winckelsen, a Paris.

89 — Charmant petit bureau de dame, en bois des iles moiré et amarante à filets noirs, enrichi de moulures, colonnettes, galeries en bronze doré; il a un corps supérieur ouvrant à portes pleines; dessus et tablette d'entrejambes en marbre blanc. Il porte la marque de Ch. Winckelsen, a Paris.

90 — Beau meuble (entredeux) de style Louis XVI, en marqueterie de bois rares, simulant des fleurons inscrits dans un treillis et représentant, sur la porte de la façade, qui est en ressaut, un charmant motif composé d'une aiguière, d'une houlette enrubannée et d'une corbeille remplie de fleurs et de fruits. Ce meuble, dont les angles arrondis sont décorés de colonnes cannelées, est garni de cuivres finement ciselés et dorés, tels que : rang d'oves, au-dessous de la tablette de marbre griotte, festons de fleurs et de feuilles entremêlés de fleurs de lis. Au pourtour des tiroirs, moulures d'encadrements, chapiteaux et embases des colonnes, etc. Il est d'une exécution très soignée, dans toutes ses parties, et porte la marque de Henry Dasson.

91 — Beau meuble (entredeux) analogue au précédent, mais un peu moins large. Le tableau de marqueterie qui décore la porte représente un vase Louis XVI plein de fleurs, un thyrse, des instruments de musique, une corbeille, etc. Il est richement garni de cuivres ciselés et dorés; feuilles d'acanthe, postes, mascarons, moulures, etc., et repose sur des pieds en toupies. Il sort de la maison HENRY DASSON.

92 — Jardinière rectangulaire de style Louis XVI, en marqueterie de bois à décor d'œillets inscrits dans un treillis. Elle est cantonnée de colonnettes détachées, et enrichie de moulures en bronze ciselé et doré.

93 — Beau meuble (entredeux) de style Louis XVI, ouvrant à trois portes, décorées, ainsi que les côtés, de bouquets de fleurs et des emblèmes de l'Amour, finement représentés en marqueterie de bois. Il est enrichi de cuivres ciselés et dorés, oves, festons de fleurs, moulures à rais de cœur et perles. Deux cariatides de femmes engainées, en bronze doré, symbolisant l'Été et l'Automne, sont adossées aux angles en chanfrein de la façade. Tablette de marbre blanc. Meuble de chez HENRY DASSON.

94 — Jolie console cintrée, reposant sur six pieds cannelés, décor de marqueterie assorti au meuble qui précède. Dessus en marbre blanc.

95 — Petit guéridon à tablette ronde en brocatelle d'Espagne cerclée de bronze et supportée par six colonnettes de bronze doré, accouplées et reposant sur une tablette

triangulaire en acajou garnie de moulures et élevée sur trois pieds. Il sort de la maison HENRY DASSON.

96 — Petite table Louis XV, à tiroir et tablette rentrante, en marqueterie de bois rose et de palissandre, à décor de carrelage, garnie de chutes, d'appliques et de moulures en bronze ciselé et doré. Les pieds, légèrement cannelés, sont reliés par une tablette.

BRONZES D'AMEUBLEMENT

97 — Pendule Louis XV en bronze ciselé et doré, signée *St Germain*, à décor de feuillages et de rocailles. Elle est surmontée d'un vase de fleurs et repose sur une terrasse chantournée. Mouvement de *Stollewerck, à Paris.*

98-99 — Deux paires de flambeaux de style Louis XVI, à feuilles, guirlandes de lauriers, glands, canneaux en spirales.

100 — Deux candélabres de même style, formés chacun d'un bouquet de lis, supporté par un groupe de deux femmes en bronze patiné. Socles à guirlandes de lierre en bronze doré sur plinthes de marbre blanc.

101 — Pendule en bronze ciselé et doré, du temps de Louis XVI, décorée d'une figure de femme assise, caractérisant l'Astronomie. Socle en marbre blanc.

102 — Pendule Louis XV, supportée par un éléphant en

bronze patiné, reposant sur une terrasse rocaille ciselée et dorée. Elle est surmontée d'un dais sur lequel est assise une figurine d'enfant sauvage.

103 — Deux flambeaux de même style.

104 — Deux chenets, style Louis XVI, modèle à vases enguirlandés.

105 — Grande garniture de cheminée de style Louis XVI, en bronze ciselé et doré, avec socles en marbre griotte, garnis de festons et de feuilles rapportés en bronze doré : pendule surmontée d'un vase à têtes de béliers et flanquée de consoles renversées; candélabres à bouquets de lis supportés par des groupes de nymphes. Cette garniture provient de la maison *Beurdeley*.

106 — Deux vases brûle-parfums du commencement de ce siècle, à couvercles ajourés, en bronze ciselé et doré, décorés au pourtour d'une danse de nymphes en bas-relief. Ils reposent sur des piédestaux carrés en marbre vert de mer, décorés de têtes de Mercure et de moulures en bronze doré.

107 — Pendule Louis XVI en marbre griotte, décorée d'un groupe : Nymphe et Amour, de moulures, d'appliques et d'un bas-relief en bronze ciselé et doré.

108 — Deux petits candélabres de même style, en bronze doré, formés chacun de deux branches de roses s'échappant d'un vase supporté par une figurine d'enfant assis. Socles en marbre griotte.

109 — Deux flambeaux-cassolettes, joli modèle à trépied, en bronze ciselé et doré. Style Louis XVI.

110 — Deux pieds de lampes en bronze doré, à figures d'enfants satyres courant, d'après Clodion.

111 — Deux chenets de style Louis XIII, formés chacun de deux boules évidées surmontées d'une flamme et reposant sur une embase à griffes de lion.

112 — Grande suspension de salle à manger.

113 — Pendule Louis XVI et sa console-applique en marqueterie de cuivre, garnie de bronzes ciselés et dorés.

114 — Deux flambeaux bouts de table à deux branches, de forme Louis XV, cannelés en spirales, en bronze argenté.

115 — Chenets de style Louis XVI, décorés de deux statuettes d'enfants, assis en regard, présentant leurs mains à la chaleur des flammes.

116 — Lustre de style flamand, à neuf lumières.

117 — Pendule d'aspect architectural, en marbre noir incrusté de plaquettes de lapis et de malachite, et décorée de statuettes allégoriques en bronze à patine verte.

118 — Lustre à vingt lumières, de style Louis XVI, garni

de cristaux. Les branches s'échappent d'un vase à flamme, émaillé gros bleu.

119 — Paire d'appliques à cinq lumières chaque, en bronze ciselé et doré ; élégant modèle de style Louis XVI.

MEUBLES

120 — Piano à queue en palissandre, incrusté de filets de cuivre, de Pleyel, avec une housse de velours rouge.

121-122 — Deux grands buffets de salle à manger, en acajou, à ornements sculptés et filets de bois noir, garnis de baguettes de cuivre. Tablettes en marbre.

123 — Grande table carrée à allonges.

124 — Douze chaises en acajou, couvertes en maroquin rouge.

125 — Table à jeu en bois noir, incrustée de filets de cuivre et garnie de bronze.

126 — Petite table en bois noirci et gravé, à dessus de drap rouge.

127 — Miroir dans un cadre de style Louis XV, à rinceaux en rocailles, sculpté et doré.

128 — Table style Renaissance, en bois noir, garnie de cuivres ciselés et dorés.

129 — Meuble-vitrine en bois noir, orné de moulures en bronze doré.

130 — Table en noyer sculpté, de style gothique.

131 — Armoire à deux corps, de style gothique, en noyer sculpté, panneaux à fenestrages, feuillages et armoiries séparés par des contreforts. Ce meuble est surmonté d'un dais en saillie.

132 — Grande bibliothèque à deux corps, en noyer, style Renaissance ; le bas à portes pleines, le haut à portes vitrées, séparées par des colonnes.

133 — Miroir rectangulaire dans un cadre sculpté et doré, à motif de fleurs.

134 — Chambre à coucher en bois noir, à ornements sculptés et colonnes torses, avec perles et moulures ornementées en bronze doré. Grand lit, toilette, commode et table de nuit à dessus de marbre blanc.

135 — Armoire à bijoux en bois noir, ouvrant à quatre vantaux ; le haut possède de nombreux tiroirs, le bas un coffre-fort.

136 — Table gigogne en noyer.

137 — Table de malade, en acajou.

138 — Petite table ovale en palissandre.

139 — Meubles ordinaires : ameublement de chambre à

coucher en palissandre, en bois noir ; bureau et chiffonnier en bois noir ; armoire en noyer, contenant un coffre-fort, tables, etc.

SIÈGES

140 — Meuble de salon Louis XVI, en bois sculpté et doré, à rubans et feuilles d'acanthe, couvert en damas de soie rouge, comprenant un canapé à dossier arrondi, quatre fauteuils et six chaises.

141 — Dix-huit chaises légères, de style Louis XVI, en bois doré, dossiers à colonnettes surmontés de rubans ondulés. Elles sont couvertes en soie brochée à fleurs.

142 — Six chaises légères en bois doré, à pieds et montants tors, couvertes en satin vert broché à fleurs.

143 — Canapé et deux grands confortables en damas rouge capitonné.

144 — Deux fauteuils capitonnés de damas rouge.

145 — Grand canapé-divan recouvert en taffetas rouge capitonné.

146 — Deux grands fauteuils à dossiers carrés, recouverts en satin broché à fleurs sur champ noir.

147 — Canapé et deux confortables, recouverts en satin ponceau capitonné.

148 — Chauffeuse en satin ponceau capitonné, avec bande de satin noir brodé.

149 — Deux canapés, deux fauteuils et huit chaises en noyer tourné, recouverts en velours rouge.

150 -- Tabouret rond en bois sculpté et laqué blanc, de style Louis XVI, couvert en tapisserie au point.

151 — Autre, de forme Louis XV, en bois doré, couvert en tapisserie au point à fond bleu.

TAPISSERIES

152 — Décoration d'un salon en tapisserie moderne d'Aubusson, à motifs Louis XVI, bouquets, branches de fleurs et rinceaux, au-dessus desquels pendent des trophées d'instruments de musique attachés par des rubans bleus. Cette tenture comprend douze panneaux de diverses largeurs, dont plusieurs fort étroits.

153 — Tenture d'un petit salon en tapisserie moderne d'Aubusson, style Louis XVI, trophées d'attributs champêtres, guirlandes, rubans, vases de fleurs. Elle se compose de neuf panneaux de diverses largeurs et de trois dessus de porte.

RIDEAUX — TAPIS

154 — Quatre rideaux de lampas broché en couleur à large dessin, relevé d'argent sur fond rouge.

155 — Deux rideaux en damas de soie rouge à bouquets et guirlandes.

156 — Quatre rideaux de damas rouge, décor à corbeilles de fleurs et bouquets.

157 — Quatre rideaux de damas rouge.

158 — Quatre tapis de salon, haute laine, fond bleu, à rosace centrale et coins ornés de cornes d'abondance. Large bordure de rinceaux.

159 — Grand tapis de salle à manger, haute laine, à dessin bleu, rouge et vert, façon Smyrne.

160 à 163 — Plusieurs tapis de moquette façon Smyrne.

VINS

Quantité de vins fins et ordinaires, liqueurs, cognac.

VOITURES ET HARNAIS

Coupé à deux places, par Ehrler.
Landau, par Ehrler.
Lot de harnais et ustensiles d'écurie.

LINGE

Grande quantité de linge de maison.

LIVRES

Livres (littérature et ouvrages anglais).

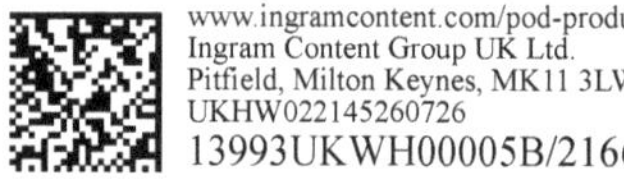
www.ingramcontent.com/pod-product-compliance
Ingram Content Group UK Ltd.
Pitfield, Milton Keynes, MK11 3LW, UK
UKHW022145260726
13993UKWH00005B/2166

9 782329 505510